"十三五"促进就业规划

中国劳动社会保障出版社

图书在版编目(CIP)数据

"十三五"促进就业规划. —北京：中国劳动社会保障出版社，2017

ISBN 978-7-5167-2964-9

Ⅰ.①十… Ⅱ.Ⅲ.①就业问题-五年计划-中国-2016—2020 Ⅳ.①D669.2

中国版本图书馆CIP数据核字(2017)第037571号

中国劳动社会保障出版社出版发行

(北京市惠新东街1号 邮政编码：100029)

*

北京华联印刷有限公司印刷装订 新华书店经销

880毫米×1230毫米 32开本 2.625印张 26千字

2017年3月第1版 2017年3月第1次印刷

定价：8.00元

读者服务部电话：(010) 64929211/64921644/84626437
营销部电话：(010) 64961894
出版社网址：http://www.class.com.cn

版权专有 侵权必究

如有印装差错，请与本社联系调换：(010) 50948191

我社将与版权执法机关配合，大力打击盗印、销售和使用盗版图书活动，敬请广大读者协助举报，经查实将给予举报者奖励。

举报电话：(010) 64954652

目　　录

国务院关于印发"十三五"促进就业规划
的通知 ……………………………（1）

"十三五"促进就业规划 ………………（1）
 一、总体要求 …………………（3）
  （一）指导思想 ………………（3）
  （二）基本原则 ………………（4）
  （三）主要目标 ………………（6）
 二、增强经济发展创造就业岗位能力
  ……………………………（8）

（四）积极培育新的就业增长点
............（8）

　　（五）着力缓解困难地区困难行业就业压力 ....（14）

三、提升创业带动就业能力 ....（17）

　　（六）畅通创业创富通道 ....（17）

　　（七）扩大创业带动就业效应 ...（21）

四、加强重点群体就业保障能力 ...（24）

　　（八）切实做好高校毕业生就业工作
............（25）

　　（九）促进农村劳动力转移就业
............（26）

　　（十）统筹其他群体就业 ....（28）

五、提高人力资源市场供求匹配能力
............（32）

（十一）规范人力资源市场秩序
　　………………………（32）
　　（十二）提升人力资源市场供求匹配
　　效率 ………………（34）
六、强化劳动者素质提升能力 ……（36）
　　（十三）提升人才培养质量 ……（37）
　　（十四）提高劳动者职业技能 …（40）
　　（十五）培养良好职业素养 ……（45）
七、构建更有力的保障支撑体系 …（46）
　　（十六）强化各类政策协同机制
　　………………………（46）
　　（十七）优化社会资本带动机制
　　………………………（48）
　　（十八）完善就业创业服务机制
　　………………………（49）

（十九）健全劳动关系协调机制 …………………………（50）

（二十）构建就业形势综合监测机制 …………………………（50）

八、组织实施 ……………………（52）

（二十一）加强部门协调，明确职责分工 ……………（52）

（二十二）加强上下联动，压实各方责任 ……………（52）

（二十三）加强督促检查，抓好规划评估 ……………（52）

附件：重点任务分工方案 …………（54）

国务院关于印发"十三五"促进就业规划的通知

国发〔2017〕10号

各省、自治区、直辖市人民政府,国务院各部委、各直属机构:

现将《"十三五"促进就业规划》印发给你们,请认真贯彻执行。

国务院

2017年1月26日

(此件公开发布)

"十三五"促进就业规划

"十二五"以来,面对复杂严峻的国内外形势,党中央、国务院准确把握发展大势,不断创新宏观调控思路和方式,全面深化改革,激发了经济发展内生动力和就业创业活力,就业规模不断扩大、结构持续优化,创业带动就业能力显著增强,劳动者素质明显提高,就业质量进一步提升。

"十三五"时期,做好促进就业工作机遇和挑战并存。一方面,我国发展仍处于可以大有作为的重要战略机遇期,新型工业化、信息化、城镇化、农业现代化孕育巨大发展潜力,新一轮科技革命和产业变革正在兴起，新兴产业、新兴业态吸纳就业能力不断增强，大众创业、万众创新催生更多新的就业增长点，为促进就业奠定了更加坚实的物质基础。另一方面，国际经济形势依然复杂多变，国内一些长期积累的深层次矛盾逐步显现，经济发展新常态和供给侧结构性改革对促进就业提出了新的要求，劳动者素质结构与经济社会发展需求不相适应、结构性就业矛盾突出等问题凸显。就业是最大的民生，也是经济发展最基本的支撑。坚持实施就业优先战略，全面提升劳动者就业创业能力，实现比较充分和高质量的就业，是培育经济发展新动能、推动经济转型升级的内在要求，对发挥人的创造能力、促进群众增收和保障基本生活、适应人们对自身价值的追求具有十分重要的意义。

本规划依据《中华人民共和国国民经济和社会发展第十三个五年规划纲要》编制，旨在进一步加强战略引领、明确主要任务、细化政策重点，是"十三五"时期指导全国促进就业工作的战略性、综合性、基础性规划。

一、总体要求

（一）指导思想。

全面贯彻党的十八大和十八届三中、四中、五中、六中全会精神，深入贯彻习近平总书记系列重要讲话精神和治国理政新理念新思想新战略，认真落实党中央、国务院决策部署，统筹推进"五位一体"总体布局和协调推进"四个全面"战略布局，牢固树立和贯彻落实创新、协调、绿色、开放、共享的发展理念，推进供给侧结构性改革，实施就业优先战略和人才优先发展战略，把实施积极的就业政策摆在更加突出的位置，贯彻劳动者自主就业、市场调节就业、政府促进就业和鼓励创业的方针，不断提升劳动者素质，强化各类政策协同机制、优化社会资本带动机制、完善就业创业服务机制、健全劳动关系协调机制、构建就业形势综合监测机制，实现比较充分和更高质量的就业，为全面建成小康社会提供强大支撑。

（二）基本原则。

——坚持总量与结构并重。既要着眼于我国人口众多的基本国情，高度重视总量问题，又要从区域、行业、人群分化的实际出发，聚焦关键环节，抓住主要矛盾，坚持分类施策、精准发力，着力解决日益突出的结构性就业矛盾。

——坚持供需两端发力。既要加快培育经

济发展新动能，大力发展吸纳就业能力强的产业，不断增强经济发展创造就业岗位能力，优化人力资源市场需求结构，又要坚持需求导向，加强人力资源开发，促进劳动者素质持续提升，改善人力资源市场供给侧结构。

——坚持就业政策与宏观政策协调。既要建立就业政策与宏观经济政策统筹的工作机制，积极扶持就业新形态，不断拓展就业新空间，又要密切关注就业形势变化，加强政策储备，以比较充分和更高质量的就业促进经济平稳运行。

——坚持统筹发挥市场与政府作用。既要优化环境，健全机制，加快消除制度性、体制性障碍，充分发挥市场在促进就业中的决定性作用，又要提高基本公共就业创业服务能力，更好发挥政府作用。

——坚持普惠性与差别化相结合。既要加快建立公平普惠的政策制度，健全人力资源市场体系，维护劳动者提升自身素质、参与就业创业的平等权利，又要坚持突出重点，完善和落实支持政策，扎实做好就业托底工作，帮助就业重点群体和困难群体提升技能、就业创业。

（三）主要目标。

到2020年，要实现以下目标：

就业规模稳步扩大，就业质量进一步提升。"十三五"时期城镇新增就业5000万人以上，全国城镇登记失业率控制在5%以内，高校毕业生、农民工等重点人群就业形势基本稳定。促进贫困人口就业，带动1000万人脱贫。服务业从业人员、城镇就业人员所占比重不断提高，就业结构持续优化。城乡均等的公共就业创业服务体系更加健全，劳动者权益保护制度不断完善，企业劳动合同签订率保持在90%以上，工资收入合理增长，就业质量进一步提升。

创业环境显著改善，带动就业能力持续增强。促进创业政策体系不断完善，服务能力明显提升，各类劳动者创业创富通道更加畅通，全社会支持创业、参与创业的积极性显著提高，创业成功率明显提升，创业带动创新、促进就业增收能力持续增强。

人力资源结构不断优化，劳动者就业创业能力明显提高。劳动年龄人口平均受教育年限达到10.8年，新增劳动力平均受教育年限达到13.5年，劳动者素质普遍提高，适应就业形势变化能力不断增强。全国技能劳动者总量达到约1.7亿人，其中高技能人才总量达到5500万人、占技能劳动者总量的比重达到32%，技术技能人才短缺状况有效缓解。

二、增强经济发展创造就业岗位能力

坚持就业优先战略，既要以大众创业、万众创新和新动能培育带动就业，也要保护和改造提升能带动就业的传统动能，引导劳动密集型企业向中西部和东北地区转移，大力发展制造业和服务业，通过创造多样化需求带动就业，在新旧动能接续转换中促进就业。

（四）积极培育新的就业增长点。

大力发展新兴产业新兴业态，不断拓展新兴就业领域。紧紧把握全球科技革命和产业变革重大机遇，深入实施创新驱动发展战略，不断优化政策组合，大力发展新一代信息技术、高端装备、新材料、生物、新能源汽车、新能源、节能环保、数字创意等战略性新兴产业，拓展产业发展新空间，创造就业新领域。推进新产品、新服务应用示范，加快产业化进程，持续释放吸纳就业潜力。积极探索和创新监管方式，创造更加宽松的环境，加快发展平台经济等新经济形态，催生更多微经济主体，培育更多跨界融合、面向未来的就业创业沃土，开发更多新型就业模式。编制出台共享经济发展指南，通过放宽市场准入、创新监管手段、引导多方治理等优化环境，完善消费者权益保护等相关政策，促进共享经济健康发展。健全就业、劳动保障等相关制度，支持发展就业新形态。

专栏1　支持发展共享经济下的新型就业模式

1. 营造有利于共享经济加快发展的政策环境。加快完善风险控制、信用体系、质量安全、社会保障等政策法规，保障各方合法权益，促进社会资源通过共享实现高效充分利用，支持共享经济加快发展。

续表

> **2. 完善支持劳动者参与共享经济就业创业的政策措施。** 支持符合条件、经工商登记注册的共享经济创业人员,按规定享受现行就业创业扶持政策。加快完善用工、工资支付等相关制度,引导和支持更多劳动者参与共享经济下的就业创业活动。加强劳动人事争议调解仲裁和劳动保障监察,切实保护劳动者合法权益。

积极发展吸纳就业能力强的产业和企业,创造更多就业机会。加快发展民生刚性需求大、国际竞争优势明显的轻工业等劳动密集型制造业。鼓励发展家庭手工业,创造更多居家灵活就业机会。开展加快发展现代服务业行动,不断拓展服务业发展广度和深度,鼓励发展就业容量大、门槛低的家政护理等生活性服务业。扩大市场准入范围,落实降税减负等扶持政策,促进中小企业加快发展,培育特色产业集群,带动更多就业。营造公平开放的市场环境,鼓励中小企业利用电商平台等多种方式开拓市场，促进中小企业融入全球产业链和价值链，在发展壮大中持续拓展就业空间。综合运用差别化存款准备金率、再贷款、信贷政策导向效果评估等多种政策工具，引导金融机构开展应收账款融资、动产融资、供应链融资等创新业务，优化小微企业融资环境。鼓励符合条件的金融机构在依法合规、风险可控的前提下，发行小微企业金融债券和小微企业相关信贷资产证券化产品，进一步盘活存量资产，加大小微企业信贷投放力度，增强其吸纳就业能力。

加快发展现代农业，扩大职业农民就业空间。推进农业、林业产业链和价值链建设，着力构建现代农业和林业产业体系、生产体系、经营体系，推动粮经饲统筹、农林牧渔结合、种养加一体、一二三产业融合发展，创造更多职业农民就业机会。完善政策支持体系，积极发展农业生产性服务业、农产品深加工和储运，推动发展"互联网＋现代农业"，大力发展农产品电子商务、休闲农业、创意农业、森林体验、森林康养和乡村旅游等新业态，加快培育专业大户、家庭农场、农民合作社、农业企业等新型农业经营主体，扩大职业农民就业规模。

完善创新创造利益回报机制，激发经济升级和扩大就业内生动力。深化收入分配制度改革，不断强化收入分配政策的激励导向。分类施策，支持劳动者以知识、技术、管理、技能等创新要素按贡献参与分配，实行股权、期权等中长期激励政策，以市场价值回报人才价值，全面激发劳动者创业创新热情，加快新旧发展动能转换，实现经济中高速增长、产业迈向中高端水平，不断拓宽就业空间。

专栏 2　城乡居民增收行动

1. 技能人才增收行动。发挥企业主体作用,提升技能人才待遇;完善技术工人薪酬激励机制。贯通职业资格、学历等认证渠道;营造崇尚技能的社会氛围,培养造就更多技术工人。

2. 新型职业农民增收行动。将培育新型职业农民纳入国家教育培训发展规划,提高职业农民增收能力,创造更多就业空间,拓展增收渠道。

3. 科研人员增收行动。保障合理的基本薪酬水平,提高就业质量;落实中央财政科研项目资金管理有关政策,发挥科研项目资金的激励引导作用。健全绩效评价和奖励机制,激励创业创新。

4. 小微创业者增收行动。深化简政放权、放管结合、优化服务改革,释放市场活力,降低市场准入门槛,健全创业成果利益分配机制,打通创业创富通道。

5. 企业经营管理人员增收行动。在国有企业建立职业经理人制度,采取多种方式探索完善中长期激励机制;为非公经济组织重点营造公平、公正、透明、稳定的法治环境,依法平等保护财产权。

6. 基层干部队伍增收行动。完善基层干部队伍薪酬制度;实现对不同地区、不同岗位的差别化激励,充分调动基层干部队伍积极性。

续表

> **7. 有劳动能力的困难群体增收行动**。鼓励有劳动能力的困难群体提升人力资本,主动参加生产劳动,通过自身努力增加收入。

(五)着力缓解困难地区困难行业就业压力。

加快困难地区脱困步伐,创造更多就地就近就业机会。指导和推动资源枯竭城市等困难地区培育发展劳动密集型接续产业。研究制定支持产业衰退地区振兴发展的指导意见,通过落实财政、投资、金融、土地等支持政策,促进产业衰退地区发展接续产业,增强吸纳就业能力。发挥区域比较优势,引导符合条件的劳动密集型企业特别是高附加值的劳动密集型企业向中西部地区和东北地区转移,创造更多就地就近就业机会。对去产能任务重、待岗职工多、失业风险大的地区,开展就业援助专项行动。

专栏3　重点地区促进就业专项行动

1. 东北老工业基地促进就业行动。组织实施东北地区人才就业专项行动。加大高素质技术技能人才培养和引进力度，在东北地区组织开展老工业基地产业转型技术技能人才双元培育改革试点。加强专业培训，做好高校毕业生就业和失业人员再就业工作，帮助就业困难人员实现就业，确保零就业家庭实现至少一人就业。加强对东北地区就业形势的研判和监测预警。

2. 资源枯竭城市和独立工矿区促进就业行动。支持资源枯竭城市重点发展一批接续替代产业，吸纳失业矿工、棚户区改造回迁居民再就业。开展采煤沉陷区综合治理。加大力度实施独立工矿区改造搬迁工程，支持矿区基础设施、公共服务设施和接续替代产业平台改造建设，通过矿区转型发展创造更多就业机会。

3. 产业衰退地区促进就业行动。发挥产业基础好和产业工人素质高的优势，积极承接有利于延伸产业链、提高技术水平和资源综合利用的产业。全面开展城区老工业区搬迁改造，统筹推进企业搬迁改造和新兴产业培育，提升老工业区就业吸纳能力。建设一批产业转型升级示范区和示范园区，提供宜居宜业的创业创新环境，打造承接中高端人才回流和专业人才就业的重要平台载体。

续表

> **4. 国有林场和国有林区促进就业行动**。推进重点国有林区深山远山职工搬迁以及国有林场撤并整合和职工搬迁,通过中央基建投资支持大小兴安岭和长白山林区接续替代产业发展,在保护好原生态和不破坏森林资源的前提下,支持发展吸纳就业能力强的种养业、林下特色产业、北药产业、生态文化旅游业、商贸服务业,加强园区基础设施建设,推动林区打造产业竞争新优势,进一步扩大就业和再就业。
>
> **5. 困难地区就业援助行动**。针对因经济结构调整或重大自然灾害而形成的就业困难地区,发挥部门职能优势,动员群团组织力量,搭建政企合作平台,促进重点群体就业创业。

推动困难行业传统产业转型发展,稳定现有用工需求。通过化解过剩产能、淘汰落后产能、落实减税降费政策、加快分离国有企业办社会职能等综合措施,推动钢铁、煤炭等行业转型发展,稳定用工需求。实施制造业重大技术改造升级工程,加快新一代信息技术与制造业的深度融合,提高产品科技含量和附加值,推动传统制造业由生产型向生产服务型转变，延伸产业链条，增加就业岗位。合理降低实体经济企业融资、人工、能源、物流等成本，落实减轻企业税费负担各项措施，加快转型升级步伐，增强经济持续稳定增长动力，扩大用工需求。同步推进产业结构调整和劳动者技能转换，在转型发展中不断增强吸纳就业能力。

三、提升创业带动就业能力

坚持深化"放管服"改革，不断优化创业环境，畅通创业创富通道，激发全社会支持创业、参与创业的积极性，不断增强创业带动就业能力。

（六）畅通创业创富通道。

加快形成有利于劳动者参与创业的政策环境。深化行政审批制度改革、收费管理制度改革、商事制度改革，创新监管方式，优化政府服务，降低市场准入门槛和制度性交易成本，破除制约劳动者创业的体制机制障碍。拓宽创业投融资渠道，管好用好创业担保贷款，合理增加贴息资金投入，扩大担保基金规模。鼓励金融机构充分依托互联网信息技术，通过大数据、交叉信息验证等方式，科学评估还款能力，优化贷款审批流程，提升网络平台创业主体和小微企业创业主体贷款的便捷性和可获得性。落实促进高校毕业生、退役军人、残疾人、登记失业人员等群体创业的税费优惠政策。加大对初创企业的场地支持、设施提供、房租减免、住房优惠等政策扶持力度，降低创业成本。

调动劳动者创业创富积极性。加快落实高校、科研院所等专业技术人员离岗创业政策，鼓励科技、教育、文化等专业人才转变观念，发挥知识和技术优势，成为创业的引领者。积极推进投贷联动试点，探索符合科创企业发展需求的金融服务模式，促进更多科技人才就业创业。支持大中专毕业生转变择业观念，自立自强，成为创业的生力军。研究实施留学人员回国创业创新启动支持计划。进一步放宽外国人才申请签证、工作许可、居留许可和永久居留证的条件，简化开办企业审批流程，加大创业启动资金支持力度，完善子女入学、医疗、住房等配套政策，吸引更多境外高端人才来华创业创新。大力支持农民工等人员返乡下乡创业。引导城镇失业人员等其他各类人员以创业促就业。引导高校开展创业创新训练计划，激发大学生创业创新动力。在全社会大力弘扬创业风尚，培育创业意识，营造鼓励创业、宽容失败的社会氛围。

专栏4　创业创新人才引进计划

1. 加大引进力度。支持设立引进外国人才创业创新试验基地，提供政策支持和优化服务，吸引世界各地创业创新人才聚集。

2. 完善政策措施。组建优秀青年创业导师队伍，为来华创业青年提供政策解读、创业项目推荐、信息咨询等服务。

3. 提升服务能力。搭建孵化增值服务平台，整合创业创新服务资源，不断提升服务的针对性和有效性。

专栏5　结合新型城镇化开展支持农民工等人员返乡创业试点

1. 分类实施试点。按照分类实施、有序推进的原则，以县为主体因地制宜开展培育产业集群、发展农村电商、促进转型脱困、带动扶贫增收、加快民族地区发展等返乡创业试点工作。

2. 完善返乡创业政策。落实相关税费优惠政策，支持试点地区加快出台降低门槛、财政支持、金融服务等创新性政策措施，营造良好的创业环境。支持部分试点地区开展"两权"（农村承包土地的经营权、农民住房财产权）抵押贷款试点。组织开展鼓励农民工等人员返乡创业三年行动计划，大力推进返乡农民工等人员创业培训工作。

续表

> **3. 优化返乡创业环境**。支持部分试点地区建设公共实训基地,提高培训能力;加强交通、物流、电信等基础设施建设,优化发展环境。支持试点地区发展农产品加工、乡村旅游、休闲农业等相关产业。

(七)扩大创业带动就业效应。

强化创业服务,提高创业成功率。统筹规划、合理布局,建设一批各具特色、高水平的区域、高校和科研院所、企业"双创"示范基地,提升创业服务能力。推广新型孵化模式,加快发展众创空间,建设一批创业孵化基地和创业园区,提供项目开发、开业指导、融资等一条龙服务,支持劳动者成功创业。建设小微企业创业创新基地,形成线上与线下、孵化与投资相结合的开放式综合服务载体,为小微企业创业兴业提供低成本、便利化、全要素服务。推动乡村旅游创客示范基地建设。打造"预孵化＋孵化器＋加速器＋稳定器"的梯级孵化体系，根据创业主体不同阶段、不同需求，提供有针对性的专业化、差别化、定制化指导服务，促进创业企业加快发展。规范发展区域性股权市场，为创业企业提供直接融资服务。推进知识产权交易，加快建设全国知识产权运营公共服务平台。推动重点实验室、科技园等平台资源向社会开放。探索建立志愿者服务机制，组建高素质辅导师队伍。建立健全课堂教学、自主学习、结合实践、指导帮扶、文化引领融为一体的创业创新教育培训体系。构建面向人人的创业服务平台，深入推进创业型城市创建活动，积极培育创业生态系统。

> **专栏6　创业培训计划**
>
> **1. 健全培训制度**。建立培训对象甄选制度，完善创业意愿识别和能力短板诊断机制。建立健全培训绩效考评制度，对创业培训工作成效实施第三方评估。
>
> **2. 创新培训模式**。开发针对不同创业群体、不同阶段创业活动的创业培训项目。积极探索创业培训与技能培训、区域产业相结合的培训模式。试点推广"慕课"等"互联网＋"创业培训新模式，大规模开展开放式在线培训。加强远程公益创业培训。研究探索通过"创业券"、"创新券"等方式提供创业培训服务。深入实施高校毕业生就业创业促进计划和技能就业专项行动，鼓励高等院校、职业院校学生在校期间开展创业竞赛、技能竞赛、创业实训等"试创业"实践活动和电子商务培训活动，并按规定将其纳入创业培训政策支持范围。
>
> **3. 加强课程开发**。以创业活动不同阶段、不同业态的知识技能需求为导向，构建多层次、模块化的创业培训课程体系。鼓励有条件的地区以政府和社会资本合作（PPP）模式组织开发新领域、新业态的创业培训课程并实施创业培训。加强创业培训师资队伍建设，吸纳社会专业人士加入创业培训专家队伍。
>
> **4. 规范机构发展**。建立健全政府购买服务机制，鼓励和引导各类优质教育培训资源投入创业培训。

健全传导扩散机制,增强创业带动能力。打通"创业—创新—经济和就业增长点"培育链条,统筹产业链、创新链、资金链和政策链,大力支持培育一批吸纳就业能力强的创新型创业企业。完善新兴产业和现代服务业发展政策,鼓励大型互联网企业、行业领军企业通过网络平台向各类创业创新主体开放技术、开发、营销、推广等资源,打通科技和经济结合的通道,加强创业创新资源共享与合作,切实将人才优势和科技优势转化为产业优势和经济优势。鼓励发展"互联网＋创业",支持"自组织、自激励、自就业"的创业模式,强化创业带动就业、促进增收效应。

四、加强重点群体就业保障能力

坚持突出重点,加快完善更加积极的就业

政策，统筹做好高校毕业生等重点群体就业工作，兜住民生底线。

（八）切实做好高校毕业生就业工作。

拓展高校毕业生就业领域。继续把高校毕业生就业摆在就业工作首位，多方位拓宽就业领域。在产业结构调整中，着力支持科技含量高的智力密集型产业特别是战略性新兴产业、现代服务业以及各类新业态、新模式加快发展，开发更多适合高校毕业生的高质量就业岗位。

引导和鼓励高校毕业生到基层就业。结合政府购买基层公共管理和社会服务开发岗位，统筹实施基层服务项目，落实学费代偿、资金补贴、税费减免等扶持政策，进一步引导和鼓励高校毕业生到城乡基层、中西部地区、中小微企业就业。健全基层服务保障机制，畅通流动渠道，拓展扎根基层高校毕业生职业发展通道。

增强高校毕业生就业服务能力。深入实施高校毕业生就业创业促进计划，健全高校毕业生就业创业服务体系，创新就业信息服务方式方法，注重运用"互联网＋就业"模式，加强就业市场供需衔接和精准帮扶。加大就业见习力度，做好困难毕业生就业帮扶工作。

（九）促进农村劳动力转移就业。

拓宽农村劳动力转移就业渠道。建立健全城乡劳动者平等就业制度，引导农村劳动力外出就业、就地就近就业。推进农村劳动力转移就业示范基地建设，结合推进新型城镇化建设，合理引导产业梯度转移，创造更多适合农村劳动力转移就业的机会。加强部分行政村劳动力转移就业监测。

促进农村贫困劳动力转移就业。按照政府推动、市场主导的原则，加强劳务协作，积极促进农村建档立卡贫困人口和非建档立卡的农村低保对象、贫困残疾人中的劳动力稳定就业和转移就业。建立健全劳务输出对接机制，提高劳务输出就业脱贫的组织化程度。输出地要摸清底数，准确掌握建档立卡贫困人口和非建档立卡的农村低保对象、贫困残疾人中有就业意愿和劳动能力的未就业人员以及已就业人员基本情况，因人因需提供技能培训和就业服务。输入地要动员企业参与，实现人岗对接，保障稳定就业。引导金融机构创新金融服务体制机制，积极开展扶贫小额信贷、助学贷款、易地扶贫搬迁贷款等业务，支持贫困人口通过发展生产实现就业创业。依据建档立卡贫困人口和非建档立卡的农村低保对象、贫困残疾人信息数据精准识别帮扶对象,建立台账,制订计划,实施"春潮行动"、技能脱贫千校行动。

(十)统筹其他群体就业。

强化困难群体就业援助。健全就业援助制度,完善就业援助政策,鼓励企业吸纳困难人员就业。对就业困难人员和零就业家庭成员开展实名制动态管理和分类帮扶,提供一对一就业援助,做到零就业家庭"产生一户、援助一户、消除一户、稳定一户",确保零就业家庭动态清零。通过公益性岗位托底帮扶一批确实难以通过市场就业的大龄就业困难人员、零就业家庭人员,实现最低生活保障家庭中有劳动能力的成员至少有一人就业。加强社会救助与就业联动,对实现就业的低保对象,在核算其家庭收入时,可扣减必要的就业成本,并通过"低保渐退"等措施,增强其就业意愿和就业稳定性。

高度重视化解过剩产能职工安置工作。将职工安置摆在化解过剩产能工作的突出位置。坚持企业主体、地方组织、依法依规的原则，分类施策，精准发力，拓宽分流渠道，加强转岗再就业帮扶，做好去产能企业职工安置工作。安置过程中要发挥好职工代表大会、厂务公开等民主管理制度的作用。落实通过失业保险基金发放稳岗补贴等扶持政策，引导钢铁、煤炭等行业困难企业以协商薪酬、灵活工时、培训转岗等方式稳定现有工作岗位。充分发挥中央奖补资金作用，通过转岗就业创业、托底安置、内部退养等多种方式妥善安置职工。

做好特定群体就业工作。做好军队转业干部和退役士兵的接收安置工作。高度重视青年群体就业工作，采取有针对性的措施帮助其就业创业。统筹做好残疾人、少数民族劳动者、退役运动员、戒毒康复人员、刑满释放人员等群体就业工作。消除针对特定群体的就业歧视，营造公平就业环境。

专栏 7　重点人群就业促进计划

1. 高校毕业生就业创业促进计划。适应高校毕业生就业创业新需要，将就业创业有机融合，建立涵盖学校内外各阶段、求职就业各环节、就业创业全过程的服务体系。健全未就业毕业生实名数据库，为高校毕业生提供就业信息、职业指导和就业见习等就业服务。普及创业教育，加强职业培训。加强部门之间工作衔接、信息共享，推动高校毕业生就业创业。

2. 实施高校毕业生基层服务项目。统筹实施大学生村官、农村教师特岗计划、"三支一扶"计划、志愿服务西部计划和农技特岗计划等专门项目，选拔派遣高校毕业生到基层服务。规范项目管理，加强人员培养使用，强化日常考核监督，切实发挥项目示范引领作用。

3. 促进农村劳动力转移就业。坚持统筹城乡就业，多渠道开发就业岗位，落实扶持政策，加强职业培训和就业创业服

续表

务,优化就业创业环境,加强形势分析和就业监测,促进农村富余劳动力有序外出就业、就地就近就业和返乡创业,着力稳定和扩大农民工就业规模。

4. 做好化解过剩产能职工安置工作。以钢铁、煤炭等行业为重点,实施再就业帮扶行动,对确实要离开企业的劳动者,普遍开展转岗培训或技能提升培训,免费提供就业创业服务,落实职业培训补贴等扶持政策,促进其自主创业和转岗就业。对距法定退休年龄五年以内、再就业有困难的职工,经其本人自愿选择和企业同意,可实行内部退养,由企业发放生活费并缴纳基本养老和医疗保险费单位缴纳部分,个人按规定缴费。

5. 推进就业扶贫。通过精准对接、劳务协作和政策扶持,促进有就业意愿和就业能力的未就业贫困人口和非建档立卡的农村低保对象、贫困残疾人转移就业,促进已实现就业的建档立卡贫困人口和非建档立卡的农村低保对象、贫困残疾人稳定就业。组织全国千所左右省级重点以上技工院校开展技能脱贫千校行动,实现"教育培训一人、就业创业一人、脱贫致富一户"的目标。实施职业教育东西协作行动计划,以职业教育和培训为重点,瞄准建档立卡贫困人口和非建档立卡的农村低保对象、贫困残疾人精准发力,促进就业脱贫。通过就业带动促进1000万贫困人口脱贫。

续表

> **6. 实施就业援助**。加大企业吸纳困难群体就业的扶持力度，规范公益性岗位开发管理，畅通进出通道。大力推进残疾人按比例就业。完善就业援助制度，实施精细化的分类帮扶和实名制动态管理，缩短长期失业者失业周期。

五、提高人力资源市场供求匹配能力

坚持发挥市场在人力资源配置中的决定性作用，深化改革，加强监管，提高服务能力，不断提升人力资源市场供求匹配效率。

（十一）规范人力资源市场秩序。

健全人力资源市场体系。加快建立统一开放、竞争有序的人力资源市场体系，打破城乡、地区、行业分割和身份、性别歧视，完善市场运行规则，规范招人用人制度，消除影响平等就业的制度障碍。增强劳动力市场灵活性，促进劳动力在地区、行业、企业之间自由流动。

推进人力资源市场信用体系和标准体系建设,加强人力资源市场管理信息平台建设。推进户籍制度改革,积极稳妥将有稳定劳动关系并在城镇居住一定年限的农民工及其家属逐步转为城镇居民。

加大监管力度。健全人力资源市场法律法规体系,尊重劳动者和用人单位市场主体地位,依法保障其合法权益。依法规范实施人力资源市场行政许可,进一步简化优化审批流程,提高服务的便捷性和可及性。加强人力资源市场事中事后监管,实施随机抽查监管,建立年度报告公示制度,探索运用新兴信息技术提升监管效能。强化日常监督检查,开展人力资源市场秩序清理整顿专项行动,严厉查处相关违法违规行为。充分发挥各类人力资源服务机构、行业协会和社会力量的监督作用,积极推进社会协同共治。

（十二）提升人力资源市场供求匹配效率。

提高公共就业服务能力。合理保障就业创业服务经费、配备工作人员。加快建立职业指导员、职业信息分析专业人员、劳动保障专理员、劳动人事争议调解员仲裁员、劳动保障监察协管员、劳动关系协调员等专业工作人员队伍。完善普惠性就业服务制度，推进服务均等化。综合运用就业服务新技术新方法，指导劳动者规划职业生涯，提高求职就业能力。不断优化服务流程，完善服务功能，推进就业服务项目化，提高就业服务质量和效率。完善就业信息服务制度，建立信息互联互通机制，搭建共享发布平台，开展就业信息分析利用，引导劳动者求职和用人单位招聘。加快公共就业服务信息化建设，推动大数据等新技术应用，到

2020年，全面建成省级集中的公共就业服务信息系统和公共就业创业服务平台，充分运用网站、移动应用、自助终端、"12333"热线、微信等渠道，打造线上线下一体的服务体系。开展公共就业创业服务示范城市建设，引导就业服务发展。

大力发展人力资源服务业。以产业引导、政策扶持和环境营造为重点，规范发展人事代理、人才推荐、人员培训、劳务派遣等人力资源服务。加强统筹规划和政策引导，依托重大项目和龙头企业，培育创新发展、符合市场需求的人力资源服务产业园。鼓励创新，实施"互联网＋人力资源服务"行动，培育壮大人力资源服务产业。加强人力资源服务业从业人员职业培训，加快全国人力资源市场供求信息监测和发布制度建设。

> **专栏8　人力资源服务业发展推进计划**
>
> **1. 人力资源服务机构建设。** 重点培育一批有核心产品、成长性好、竞争力强的企业集团,推动人力资源服务产品创新、管理创新和服务创新。推进人力资源服务业和互联网技术融合,开展"互联网+人力资源服务"行动。
>
> **2. 人力资源服务产业园建设。** 加强顶层设计,建设一批有特色、有规模、有活力、有效益的人力资源服务产业园,充分发挥园区集聚发展和辐射带动作用。
>
> **3. 人力资源服务队伍建设。** 开展人力资源服务机构经营管理人员培训,加大人力资源服务业高层次人才培养和引进力度。实施人力资源服务业领军人才培养计划。

六、强化劳动者素质提升能力

坚持人才优先,健全劳动者素质提升长效机制,加快培育更高技能水平、更好专业素养和敬业精神、更强创新能力和创业精神的劳动者队伍,着力缓解结构性就业矛盾。

(十三)提升人才培养质量。

加快教育结构调整。适应经济社会发展需求变化,引导高校构建与学校定位和办学特色相匹配的学科专业体系,增设经济社会发展和民生改善急需专业,更新升级传统专业,优化人才培养结构。充分发挥行业组织作用,建立专业设置、学生就业与重点产业人才需求相衔接的预测预警机制。继续深入实施基础学科拔尖学生培养试验计划,支持高水平研究型大学依托优势基础学科建设国家青年英才培训基地。加强服务行业发展的特色人才培养。加快建立高等学校分类体系,鼓励不同层次、类型的高校牢牢把握人才需求方向,统筹研究型、应用型、复合型等各类人才培养。鼓励具备条件的地方普通本科院校向应用型转变,培养更多技术技能型人才。推进职业教育与普通教育分类管理，探索建立国家资历框架，引导各级各类职业院校科学定位、办出特色。在优化布局基础上，改善职业院校基本办学条件，建设一批高水平的职业院校和骨干专业，加快培育大批具有专业技能与工匠精神的高素质劳动者和人才。健全公平公正、多元投入、规范高效的国家资助政策体系，保障职业院校家庭经济困难学生完成学业。完善顶层设计，研究制定规范发展继续教育的政策制度。

深化教学改革。推动职业院校、本科高校与行业企业共同实施全流程协同育人，共同开展教育教学、组织质量评价。全面建立职业院校教学工作诊断与改进制度。建立全国高校继续教育质量报告制度，强化高校继续教育责任主体意识，加强事中事后监管。深化专业、课程、教材体系改革，加强教材规划、管理和审查,推动课程内容与职业标准、教学过程与生产过程有效对接,及时调整、更新教学内容和教学方式,强化实践教学。建立和完善现代学校制度,落实学校在人事管理、教师评聘、收入分配等方面的办学自主权,支持职业院校、本科高校自主聘用有丰富实践经验的人员担任专兼职教师,加快建设"双师型"教师队伍。制定实施企业参与职业教育的激励政策、有利于校企人员双向交流的人事管理政策,落实学生实习政策,全面推进现代学徒制试点工作,深入推进职业教育集团化办学,推动学校与企业合作建设一批共建共享的实训基地。

完善终身学习服务体系。充分发挥各级各类学校的优势,加强终身教育制度建设。提供更多继续教育和职业技能培训课程,发展在线教育和远程教育,积极发挥高校继续教育数字化资源开放和在线教育联盟作用，为全体社会成员提供多次选择、多种路径的终身学习机会。进一步办好开放大学。鼓励高等学校招收有实践经历人员，支持社会成员通过直接升学、先就业再升学、边就业边学习等多种方式不断发展。科学设置评估考核指标，加快构建全程化、模块化、多元化的终身学习成果评价体系，增强终身学习质量保障能力，提高社会成员终身学习积极性。

（十四）提高劳动者职业技能。

完善职业技能培训制度。适应经济转型要求，推动职业培训转型升级，进一步扩大培训规模。研究建立终身职业技能培训制度，提高劳动者就业创业能力。建立健全以企业、职业院校和各类培训机构为依托，以就业技能培训、岗位技能提升培训和创业培训为主要形式，覆盖全体、贯穿终身的培训体系。调动各方积极性，加快推行工学一体、企业新型学徒制、"互联网＋"等培训模式。创新职业培训方式，实行国家基本职业培训包制度，规范管理，提高补贴标准，增强职业培训的针对性和有效性。完善职业技能培训财政资金补贴方式，对建档立卡贫困人口和非建档立卡的农村低保对象、贫困残疾人等符合条件人员，探索采取整建制购买培训项目、直补培训机构等方式，提高培训效果。探索建立重点产业职业技能培训需求指导目录制度，加大对指导目录内培训项目的补贴力度。建立国家职业资格目录清单管理制度，清单之外一律不得许可和认定职业资格，清单之内除准入类职业资格外一律不得与就业创业挂钩。构建科学设置、规范运行、依法监管的国家职业资格框架和管理服务体系。建立培训、鉴定、就业分工合作机制，以及培训信息发布、质量评价和保障机制。

健全劳动者技能提升激励机制。提高技术工人待遇，定期开展高技能人才评选表彰活动。完善技能人才与同等学历、职称人员享受平等待遇政策，落实积分落户、招聘录用、岗位聘任、职务职级晋升、职称评定、薪酬、学习进修、休假体检等待遇，全面加强技能人才激励工作。

增强公共实训能力。突出建设重点，科学合理布局，在整合资源基础上，统筹建设若干区域性大型实训基地、一批地市级综合型实训基地和县级地方产业特色型实训基地，构筑布局合理、定位明确、功能突出、信息互通、协调发展的职业技能实训基地网络，不断提升公共实训能力。采取中央基建投资补助等多种形式，鼓励和引导保险资金等社会资本通过设立职业技能培训产业发展基金等多种途径，参与支持公共实训基地建设。

提升重点人群职业技能。实施高技能人才振兴计划和专业技术人才知识更新工程，突出"高精尖缺"导向，大力发展技工教育，培训急需紧缺人才。开展贫困家庭子女、未升学初高中毕业生、农民工、失业人员和转岗职工、退役军人、残疾人免费接受职业培训行动。组织实施化解过剩产能企业职工、高校毕业生、新生代农民工等重大专项培训计划。实施全员质量素质提升工程。加快实施新型职业农民培育工程，建立教育培训、规范管理和政策扶持相衔接的制度体系。发挥企业主体作用，开展岗位技能提升培训，按照职工工资总额的1.5%—2.5%足额提取教育培训经费，专项用于职工特别是一线职工教育培训。

专栏9 新型职业农民培育工程

1. 健全培育机制。加快建立农业行政主管部门负责，农业广播电视学校、涉农院校、农民合作社、农业产业化龙头企业、农业技术推广机构以及其他各类市场主体多方参与、适度竞争的多元培育机制，强化新型职业农民培育示范，到2020年，实现新型职业农民培育工程覆盖全国所有农业县（市、区）。

2. 创新培育模式。促进教学内容与生产实际、教学安排与农时农事、理论教学与实践实习紧密结合，允许分阶段完成培训。采取送教下乡、半农半读、弹性学制等形式，鼓励农民接受中高等职业教育，培养高层次新型职业农民。建设新型职业农民培育信息化平台，为新型职业农民提供在线学习、跟踪指导等服务。

3. 加大支持力度。创新新型职业农民培训财政支持方式，加强财政资金使用监管，着力提高培训效果。采取融资担保等措施，加大对新型职业农民的政策扶持力度。推动有条件的新型职业农民按规定参加养老、医疗等社会保险。

4. 壮大新型职业农民队伍。实施现代青年农场主培养计划和农村青年创业致富"领头雁"培养计划，吸引年轻人务农创业。实施新型农业经营主体带头人轮训计划，"十三五"时期将新型农业经营主体带头人轮训一遍。强化管理服务和政策扶持，培养一批有文化、懂技术、善经营、会管理的新型职业农民。

（十五）培养良好职业素养。

加强职业道德建设。引导劳动者遵守纪律、诚实守信，自觉履行劳动义务，依法理性维护自身权益。将职业道德教育贯穿于教育培训全过程。引导企业加强职业文化建设，弘扬良好职业行为习惯，推动劳动者形成"干一行、爱一行"的职业理念。

强化职业发展和就业指导教育。普遍开设职业发展与就业指导课程，建立专业化、全程化的就业指导教学体系，增强毕业生特别是高校毕业生自我评估能力、职业开发能力及择业能力，切实转变就业观念。加强就业指导教师培训和实践锻炼，创新教学方法，进一步提高教学效果。

培育工匠精神。充分发挥院校、企业、工会等各方积极性，将培育工匠精神融入到教育培训、企业文化建设等各领域各环节，大力培养劳动者精益求精的职业素质。完善激励机制，培树先进典型，营造尊重劳动、尊重工匠的良好社会氛围，提高劳动者培育工匠精神的自主性。

七、构建更有力的保障支撑体系

不断强化各类政策协同机制、优化社会资本带动机制、完善就业创业服务机制、健全劳动关系协调机制、构建就业形势综合监测机制，加快落实规划重点任务。

（十六）强化各类政策协同机制。

坚持实施就业优先战略，充分发挥就业目标的引导作用，统筹制定国民经济和社会发展总体规划，统筹考虑宏观调控的重点和节奏。将促就业稳就业作为宏观经济政策的优先目标，加快完善更加积极的就业政策体系，加强就业政策与财税、货币、产业、投资、贸易等宏观经济政策以及人才、教育、培训、社保等社会政策的统筹协调，形成有利于促进就业的宏观政策体系。各级政府要积极调整财政支出结构，合理加大促进就业相关资金筹集力度，提高财政资金支持就业创业效益，保障就业管理和服务高效运转。实施支持就业创业的税收优惠政策，促进符合条件的重点群体就业创业。鼓励和引导各类金融机构加大对就业创业的金融支持。建立投资带动就业等宏观经济政策的就业影响评估机制。健全促进就业工作机制，完善考核指标体系，加大就业创业指标考核权重，强化政府促进就业责任。加强对就业工作进度和各项目标任务完成情况的督促检查，对就业创业工作成效明显的地方加大激励支持力度，对工作不力的予以问责。坚持底线思维，加强联防联控、相机抉择，建立突发事件应对机制，确保就业形势总体稳定。

（十七）优化社会资本带动机制。

统筹发挥好市场和政府"两只手"的作用，创新服务供给模式，通过政府和社会资本合作（PPP）等多种形式，有序有效引导并带动社会资本扩大就业创业服务供给。推动政府向社会力量购买更多基本公共就业创业服务，提升专业化服务水平。鼓励多元主体办学，引导行业企业、社会团体、科研机构和公民个人积极参与举办职业教育，重点支持举办非营利性职业院校，探索发展股份制、混合所有制职业院校，探索公办和社会力量举办的职业院校相互委托管理和购买服务机制。出台实施细则，落实土地供给、资质许可等具体办法，支持社会资本兴办教育和培训机构。落实政府购买培训相关政策，建立政府资金投入与管理制度，逐步形成培训机构自主开展培训、劳动者自主选择培训机构、政府提供资金支持和依法监管的职业技能培训运行机制。

（十八）完善就业创业服务机制。

加强基层公共就业创业服务平台建设，健全覆盖城乡的公共就业创业服务体系，完善运行管理机制。推进公共就业信息服务平台建设，完善全国就业信息监测制度，建立部门和省级就业信息资源库，实现就业管理和就业服务工作全程信息化。加快创业培训信息化管理平台建设，实现数据、信息、资源联通共享。健全人才流动公共服务体系，加快推进流动人员人事档案信息化建设。探索建立与国际接轨的全球人才招聘制度。加强"金保工程"建设，加快社会保险信息互联互通进程，进一步提高社会保险关系转移接续服务能力。完善公共就业创业和教育培训服务效能第三方评估机制。

（十九）健全劳动关系协调机制。

完善劳动标准体系。全面实行劳动合同制度。推行集体协商和集体合同制度。完善协调劳动关系三方机制。健全最低工资增长机制，建立统一规范的企业薪酬调查和信息发布制度，完善企业工资决定和正常增长机制、工资支付保障长效机制。完善劳动保障监察机制，加强劳动保障监察执法能力建设。加强劳动争议调解仲裁工作规范化、标准化、专业化、信息化建设，加快劳动争议调解仲裁服务体系建设，建立健全重大集体劳动争议应急调处机制和仲裁特别程序。

（二十）构建就业形势综合监测机制。

健全就业统计指标体系，完善统计口径和

调查方法，建立有关就业新形态、创业情况的统计监测指标，更加全面反映就业创业情况。做好就业统计调查保障工作。建立就业统计数据质量核查机制，加强与社会保险等其他数据校核比对。进一步加强就业形势分析研判，健全就业形势定期综合会商评估工作机制。加强部门与研究机构、市场分析机构的密切协作，建立就业数据与宏观经济、行业经营等数据以及社会机构相关数据交叉比对机制，提高就业形势监测和分析能力。建立全国性的劳动力市场价格监测体系，及时掌握不同地区、重点行业的就业形势与收入变化等情况。建立完善失业监测预警机制，及时掌握监测企业人员变动情况及趋势，适时发布预警信息。

八、组织实施

(二十一)加强部门协调,明确职责分工。

各有关部门要高度重视促进就业工作,切实履行好促进就业鼓励创业的职责,不断完善促进就业创业的政策措施,健全工作机制,明确任务分工,加强跟踪调度,协调解决重大问题,确保本规划重点任务、主要措施有效落实。

(二十二)加强上下联动,压实各方责任。

各地区、各有关部门要结合实际,围绕规划主要任务,进一步细化目标措施,抓好贯彻落实。省级人民政府对辖区内规划实施工作负总责,确保规划重点任务和工程建设落到实处。

(二十三)加强督促检查,抓好规划评估。

国家发展改革委、人力资源社会保障部要会同有关部门建立督促检查制度,开展规划实施情况年度监测,组织规划实施中期和终期评估,重大情况及时上报国务院。

附件:重点任务分工方案

附件

重点任务分工方案

序号	重点工作	负责单位
1	紧紧把握全球科技革命和产业变革重大机遇,深入实施创新驱动发展战略,不断优化政策组合,大力发展新一代信息技术、高端装备、新材料、生物、新能源汽车、新能源、节能环保、数字创意等战略性新兴产业,拓展产业发展新空间,创造就业新领域。	国家发展改革委、科技部、工业和信息化部等按职责分工负责
2	积极探索和创新监管方式,创造更加宽松的环境,加快发展平台经济等新经济形态,催生更多微经济主体,培育更多跨界融合、面向未来的就业创业沃土,开发更多新型就业模式。	国家发展改革委、工商总局、工业和信息化部、商务部、人力资源社会保障部等按职责分工负责

续表

序号	重点工作	负责单位
3	编制出台共享经济发展指南，通过放宽市场准入、创新监管手段、引导多方治理等优化环境，完善消费者权益保护等相关政策，促进共享经济健康发展。	国家发展改革委牵头负责
4	健全就业、劳动保障等相关制度，支持发展就业新形态。	人力资源社会保障部牵头负责
5	开展加快发展现代服务业行动，不断拓展服务业发展广度和深度，鼓励发展就业容量大、门槛低的家政护理等生活性服务业。	国家发展改革委牵头负责
6	综合运用差别化存款准备金率、再贷款、信贷政策导向效果评估等多种政策工具，引导金融机构开展应收账款融资、动产融资、供应链融资等创新业务，优化小微企业融资环境。鼓励符合条件的金融机构在依法合规、风险可控的前提下，发行小微企业金融债券和小微企业相关信贷资产证券化产品，进一步盘活存量资产，加大小微企业信贷投放，增强其吸纳就业能力。	人民银行、银监会牵头负责

续表

序号	重点工作	负责单位
7	推进农业、林业产业链和价值链建设,着力构建现代农业和林业产业体系、生产体系、经营体系,推动粮经饲统筹、农林牧渔结合、种养加一体、一二三产业融合发展,创造更多职业农民就业机会。	农业部、国家发展改革委、国家林业局按职责分工负责
8	完善政策支持体系,积极发展农业生产性服务业、农产品深加工和储运,推动发展"互联网+现代农业",大力发展农产品电子商务、休闲农业、创意农业、森林体验、森林康养和乡村旅游等新业态,加快培育专业大户、家庭农场、农民合作社、农业企业等新型农业经营主体,扩大职业农民就业规模。	农业部、国家发展改革委、国家林业局、国家旅游局等按职责分工负责
9	分类施策,支持劳动者以知识、技术、管理、技能等创新要素按贡献参与分配,实行股权、期权等中长期激励政策,以市场价值回报人才价值,全面激发劳动者创业创新热情。	国家发展改革委、人力资源社会保障部、科技部、财政部等按职责分工负责

续表

序号	重点工作	负责单位
10	开展城乡居民增收行动。	国家发展改革委牵头负责
11	指导和推动资源枯竭城市等困难地区培育发展劳动密集型接续产业。研究制定支持产业衰退地区振兴发展的指导意见，通过落实财政、投资、金融、土地等支持政策，促进产业衰退地区发展接续产业，增强吸纳就业能力。	国家发展改革委牵头负责
12	开展重点地区促进就业专项行动。	国家发展改革委、人力资源社会保障部按职责分工负责
13	实施制造业重大技术改造升级工程，加快新一代信息技术与制造业的深度融合，提高产品科技含量和附加值，推动传统制造业由生产型向生产服务型转变，延伸产业链条，增加就业岗位。	国家发展改革委牵头，工业和信息化部、科技部按职责分工负责

续表

序号	重点工作	负责单位
14	同步推进产业结构调整和劳动者技能转换,在转型发展中不断增强吸纳就业能力。	国家发展改革委、人力资源社会保障部牵头负责
15	拓宽创业投融资渠道,管好用好创业担保贷款,合理增加贴息资金投入,扩大担保基金规模。鼓励金融机构充分依托互联网信息技术,通过大数据、交叉信息验证等方式,科学评估还款能力,优化贷款审批流程,提升网络平台创业主体和小微企业创业主体贷款的便捷性和可获得性。	人力资源社会保障部、国家发展改革委、财政部、人民银行、银监会等按职责分工负责
16	加快落实高校、科研院所等专业技术人员离岗创业政策,鼓励科技、教育、文化等专业人才转变观念,发挥知识和技术优势,成为创业的引领者。积极推进投贷联动试点,探索符合科创企业发展需求的金融服务模式,促进更多科技人才就业创业。	国家发展改革委、教育部、科技部、人力资源社会保障部、人民银行等按职责分工负责

续表

序号	重点工作	负责单位
17	进一步放宽外国人才申请签证、工作许可、居留许可和永久居留证的条件，简化开办企业审批流程，加大创业启动资金支持力度，完善子女入学、医疗、住房等配套政策，吸引更多境外高端人才来华创业创新。	国家外专局、人力资源社会保障部牵头，外交部、公安部、工商总局、教育部、国家卫生计生委、住房城乡建设部等按职责分工负责
18	实施创业创新人才引进计划。	国家外专局、人力资源社会保障部牵头负责

续表

序号	重点工作	负责单位
19	结合新型城镇化开展支持农民工等人员返乡创业试点。	国家发展改革委牵头,工业和信息化部、财政部、人力资源社会保障部、国土资源部、住房城乡建设部、交通运输部、农业部、商务部、人民银行、国家林业局等按职责分工负责
20	统筹规划、合理布局,建设一批各具特色、高水平的区域、高校和科研院所、企业"双创"示范基地,提升创业服务能力。	国家发展改革委牵头负责

续表

序号	重点工作	负责单位
21	推广新型孵化模式，加快发展众创空间，建设一批创业孵化基地和创业园区，提供项目开发、开业指导、融资等一条龙服务，支持劳动者成功创业。	科技部牵头负责
22	建设小微企业创业创新基地，形成线上与线下、孵化与投资相结合的开放式综合服务载体，为小微企业创业兴业提供低成本、便利化、全要素服务。	工业和信息化部牵头负责
23	规范发展区域性股权市场，为创业企业提供直接融资服务。推进知识产权交易，加快建设全国知识产权运营公共服务平台。推动重点实验室、科技园等平台资源向社会开放。	证监会、国家知识产权局、科技部等按职责分工负责
24	构建面向人人的创业服务平台，深入推进创业型城市创建活动，积极培育创业生态系统。实施创业培训计划。	人力资源社会保障部牵头负责

续表

序号	重点工作	负责单位
25	打通"创业－创新－经济和就业增长点"培育链条,统筹产业链、创新链、资金链和政策链,大力支持培育一批吸纳就业能力强的创新型创业企业。	国家发展改革委牵头,工业和信息化部、科技部、商务部等按职责分工负责
26	完善新兴产业和现代服务业发展政策,鼓励大型互联网企业、行业领军企业通过网络平台向各类创业创新主体开放技术、开发、营销、推广等资源,打通科技和经济结合的通道,加强创业创新资源共享与合作,切实将人才优势和科技优势转化为产业优势和经济优势。	国家发展改革委、工业和信息化部、科技部等按职责分工负责
27	在产业结构调整中,着力支持科技含量高的智力密集型产业特别是战略性新兴产业、现代服务业以及各类新业态、新模式加快发展,开发更多适合高校毕业生的高质量就业岗位。	国家发展改革委、工业和信息化部、科技部、商务部等按职责分工负责

续表

序号	重点工作	负责单位
28	结合政府购买基层公共管理和社会服务开发岗位,统筹实施基层服务项目,落实学费代偿、资金补贴、税费减免等扶持政策,进一步引导和鼓励高校毕业生到城乡基层、中西部地区、中小微企业就业。健全基层服务保障机制,畅通流动渠道,拓展扎根基层高校毕业生职业发展通道。	人力资源社会保障部、教育部牵头负责
29	深入实施高校毕业生就业创业促进计划,健全高校毕业生就业创业服务体系,创新就业信息服务方式方法,注重运用"互联网＋就业"模式,加强就业市场供需衔接和精准帮扶。	人力资源社会保障部、教育部牵头负责
30	推进农村劳动力转移就业示范基地建设,结合推进新型城镇化建设,合理引导产业梯度转移,创造更多适合农村劳动力转移就业的机会。加强部分行政村劳动力转移就业监测。	国家发展改革委、农业部、人力资源社会保障部等按职责分工负责

续表

序号	重点工作	负责单位
31	按照政府推动、市场主导的原则,加强劳务协作,积极促进农村建档立卡贫困人口和非建档立卡的农村低保对象、贫困残疾人中的劳动力稳定就业和转移就业。	人力资源社会保障部、国务院扶贫办、民政部、中国残联按职责分工负责
32	对就业困难人员和零就业家庭成员开展实名制动态管理和分类帮扶,提供一对一就业援助,做到零就业家庭"产生一户、援助一户、消除一户、稳定一户",确保零就业家庭动态清零。通过公益性岗位托底帮扶一批确实难以通过市场就业的大龄就业困难人员、零就业家庭人员,实现最低生活保障家庭中有劳动能力的成员至少有一人就业。加强社会救助与就业联动,对实现就业的低保对象,在核算其家庭收入时,可扣减必要的就业成本,并通过"低保渐退"等措施,增强其就业意愿和就业稳定性。	人力资源社会保障部、民政部按职责分工负责

续表

序号	重点工作	负责单位
33	将职工安置摆在化解过剩产能工作的突出位置。坚持企业主体、地方组织、依法依规的原则，分类施策，精准发力，拓宽分流渠道，加强转岗再就业帮扶，做好去产能企业职工安置工作。	人力资源社会保障部、国务院国资委牵头负责
34	实施重点人群就业促进计划。	人力资源社会保障部牵头负责
35	加快建立统一开放、竞争有序的人力资源市场体系，打破城乡、地区、行业分割和身份、性别歧视，完善市场运行规则，规范招人用人制度，消除影响平等就业的制度障碍。增强劳动力市场灵活性，促进劳动力在地区、行业、企业之间自由流动。推进人力资源市场信用体系和标准体系建设，加强人力资源市场管理信息平台建设。	人力资源社会保障部牵头负责

续表

序号	重点工作	负责单位
36	实施人力资源服务业发展推进计划。	人力资源社会保障部牵头，国家发展改革委、工业和信息化部按职责分工负责
37	适应经济社会发展需求变化，引导高校构建与学校定位和办学特色相匹配的学科专业体系，增设经济社会发展和民生改善急需专业，更新升级传统专业，优化人才培养结构。充分发挥行业组织作用，建立专业设置、学生就业与重点产业人才需求相衔接的预测预警机制。	教育部牵头，人力资源社会保障部、国家发展改革委按职责分工负责
38	加快建立高等学校分类体系，鼓励不同层次、类型的高校牢牢把握人才需求方向，统筹研究型、应用型、复合型等各类人才培养。鼓励具备条件的地方普通本科院校向应用型转变，培养更多技术技能型人才。	教育部牵头负责

续表

序号	重点工作	负责单位
39	健全公平公正、多元投入、规范高效的国家资助政策体系，保障职业院校家庭经济困难学生完成学业。	财政部牵头，国家发展改革委、教育部、人力资源社会保障部按职责分工负责
40	建立全国高校继续教育质量报告制度，强化高校继续教育责任主体意识，加强事中事后监管。	教育部牵头负责
41	深化专业、课程、教材体系改革，加强教材规划、管理和审查，推动课程内容与职业标准、教学过程与生产过程有效对接，及时调整、更新教学内容和教学方式，强化实践教学。	教育部牵头负责

续表

序号	重点工作	负责单位
42	建立和完善现代学校制度，落实学校在人事管理、教师评聘、收入分配等方面的办学自主权，支持职业院校、本科高校自主聘用有丰富实践经验的人员担任专兼职教师，加快建设"双师型"教师队伍。	教育部牵头负责
43	制定实施企业参与职业教育的激励政策、有利于校企人员双向交流的人事管理政策，落实学生实习政策，全面推进现代学徒制试点工作，深入推进职业教育集团化办学，推动学校与企业合作建设一批共建共享的实训基地。	教育部牵头，国家发展改革委、人力资源社会保障部、财政部、国务院国资委等按职责分工负责
44	充分发挥各级各类学校的优势，加强终身教育制度建设。	教育部牵头负责

续表

序号	重点工作	负责单位
45	研究建立终身职业技能培训制度。加快推行工学一体、企业新型学徒制、"互联网＋"等培训模式。创新职业培训方式，实行国家基本职业培训包制度，规范管理，提高补贴标准，增强职业培训的针对性和有效性。完善职业技能培训财政资金补贴方式，对建档立卡贫困人口和非建档立卡的农村低保对象、贫困残疾人等符合条件人员，探索采取整建制购买培训项目、直补培训机构等方式，提高培训效果。探索建立重点产业职业技能培训需求指导目录制度，加大对指导目录内培训项目的补贴力度。建立国家职业资格目录清单管理制度，清单之外一律不得许可和认定职业资格，清单之内除准入类职业资格外一律不得与就业创业挂钩。构建科学设置、规范运行、依法监管的国家职业资格框架和管理服务体系。建立培训、鉴定、就业分工合作机制，以及培训信息发布、质量评价和保障机制。	人力资源社会保障部牵头负责

续表

序号	重点工作	负责单位
46	完善技能人才与同等学历、职称人员享受平等待遇政策，落实积分落户、招聘录用、岗位聘任、职务职级晋升、职称评定、薪酬、学习进修、休假体检等待遇，全面加强技能人才激励工作。	人力资源社会保障部牵头负责
47	突出建设重点，科学合理布局，在整合资源基础上，统筹建设若干区域性大型实训基地、一批地市级综合型实训基地和县级地方产业特色型实训基地，构筑布局合理、定位明确、功能突出、信息互通、协调发展的职业技能实训基地网络，不断提升公共实训能力。	国家发展改革委、人力资源社会保障部牵头负责
48	实施高技能人才振兴计划和专业技术人才知识更新工程，突出"高精尖缺"导向，大力发展技工教育，培训急需紧缺人才。开展贫困家庭子女、未升学初高中毕业生、农民工、失业人员和转岗职工、退役军人、残疾人免费接受职业培训行动。组织实施化解过剩产能企业职工、高校毕业生、新生代农民工等重大专项培训计划。	人力资源社会保障部牵头负责

续表

序号	重点工作	负责单位
49	加快实施新型职业农民培育工程，建立教育培训、规范管理和政策扶持相衔接的制度体系。	农业部牵头负责
50	加强职业道德建设。强化职业发展和就业指导教育。培育工匠精神。	人力资源社会保障部、教育部、国务院国资委、全国总工会、共青团中央等按职责分工负责
51	坚持实施就业优先战略，充分发挥就业目标的引导作用，统筹制定国民经济和社会发展总体规划，统筹考虑宏观调控的重点和节奏。	国家发展改革委、人力资源社会保障部、财政部、人民银行等按职责分工负责

续表

序号	重点工作	负责单位
52	健全促进就业工作机制，完善考核指标体系，加大就业创业指标考核权重，强化政府促进就业责任。加强对就业工作进度和各项目标任务完成情况的督促检查，对就业创业工作成效明显的地方加大激励支持力度，对工作不力的予以问责。	人力资源社会保障部牵头负责
53	统筹发挥好市场和政府"两只手"的作用，创新服务供给模式，通过政府和社会资本合作（PPP）等多种形式，有序有效引导并带动社会资本扩大就业创业服务供给。推动政府向社会力量购买更多基本公共就业创业服务，提升专业化服务水平。	人力资源社会保障部牵头负责
54	鼓励多元主体办学，引导行业企业、社会团体、科研机构和公民个人积极参与举办职业教育，重点支持举办非营利性职业院校，探索发展股份制、混合所有制职业院校，探索公办和社会力量举办的职业院校相互委托管理和购买服务机制。	教育部、人力资源社会保障部按职责分工负责

续表

序号	重点工作	负责单位
55	出台实施细则，落实土地供给、资质许可等具体办法，支持社会资本兴办教育和培训机构。	教育部、人力资源社会保障部、国土资源部、国家发展改革委等按职责分工负责
56	落实政府购买培训相关政策，建立政府资金投入与管理制度，逐步形成培训机构自主开展培训、劳动者自主选择培训机构、政府提供资金支持和依法监管的职业技能培训运行机制。	人力资源社会保障部、财政部牵头负责
57	推进公共就业信息服务平台建设，完善全国就业信息监测制度，建立部门和省级就业信息资源库，实现就业管理和就业服务工作全程信息化。加快创业培训信息化管理平台建设，实现数据、信息、资源联通共享。健全人才流动公共服务体系，加快推进流动人员人事档案信息化建设。探索建立与国际接轨的全球人才招聘制度。	人力资源社会保障部、国家外专局按职责分工负责

续表

序号	重点工作	负责单位
58	完善劳动保障监察机制，加强劳动保障监察执法能力建设。加强劳动争议调解仲裁工作规范化、标准化、专业化、信息化建设，加快劳动争议调解仲裁服务体系建设，建立健全重大集体劳动争议应急调处机制和仲裁特别程序。	人力资源社会保障部牵头负责
59	健全就业统计指标体系，完善统计口径和调查方法，建立有关就业新形态、创业情况的统计监测指标，更加全面反映就业创业情况。做好就业统计调查保障工作。建立就业统计数据质量核查机制，加强与社会保险等其他数据校核比对。	国家统计局牵头负责
60	进一步加强就业形势分析研判，健全就业形势定期综合会商评估工作机制。加强部门与研究机构、市场分析机构的密切协作，建立就业数据与宏观经济、行业经营等数据以及社会机构相关数据交叉比对机制，提高就业形势监测和分析能力。	国家发展改革委、人力资源社会保障部牵头负责

续表

序号	重点工作	负责单位
61	建立全国性的劳动力市场价格监测体系，及时掌握不同地区、重点行业的就业形势与收入变化等情况。	国家发展改革委、人力资源社会保障部按职责分工负责
62	建立完善失业监测预警机制，及时掌握监测企业人员变动情况及趋势，适时发布预警信息。	人力资源社会保障部牵头负责